101
Uses for Baler Twine

101 FUASGLADH AIR SREANG NA BÈILE

D1348029

First published in 2013 by Acair Ltd.
This first reprint in 2014
An Tosgan, Seaforth Road, Stornoway, Isle of Lewis, Scotland HS1 2SD

info@acairbooks.com
www.acairbooks.com

Text and all photographs © Frank Rennie
Gaelic text © Dolina MacLeod

Cover and interior design by Margaret Anne MacLeod

A CIP catalogue record for this title is available from the British Library

Printed in China by Leo Paper Products Ltd.

ISBN/LAGE 978-0-86152-516-4

101
~ Uses for ~
Baler Twine

101 FUASGLADH AIR SREANG NA BÈILE

FRANK RENNIE

acair

Introduction

This book began as a joke, well, a wind-up really. I started to tease my daughters every time I saw a piece of baler-twine being utilised around the croft. "Look! See how useful it is? That's another use for baler-twine!" Of course half the fun was in seeing their reactions to their eccentric dad, and every time they rolled their eyes in embarrassed response I began to pay more attention to spotting other uses of this wonderful material. It's strong, flexible, light to carry in your pocket, and almost unbreakable in normal conditions unless cut with a knife. Perfect for odd-jobs and temporary fixes. Then I started to notice baler twine being used by other people in more unusual situations, and the idea grew. Suddenly it was a serious consideration, and I began to take photographs for fun. Whenever I mentioned the idea to friends the first reaction was almost always to laugh incredulously; but the second, almost immediate reaction was to suggest a new or different way of using baler twine that they were aware of. The idea began to grow wings. The concept of this book is half serious and wholly for fun. The uses of baler twine recorded here (and there have been several more suggestions since the photography was finished) are all actual, practical uses, even if some of them are a bit unusual and not seen every day. The book was a lot of fun to compile and Gaelic speaking readers will appreciate the spring to the text compiled by Dolina Macleod. I hope you have as much enjoyment browsing through it.

Frank Rennie

Ro-ràdh

Chan eil duine a th'air ùine a chur seachad air croit, no air tuath air a bheil imcheist sam bith mu cho feumail `s a tha sreang na bèile. Cò mheud mìle geata a chunna sibh fhèin a th'air a cheangal le sreang na bèile? Na ceudan rudan a' crochadh bho na sailthean anns na sabhalan, dusain de pharsailean air am pasgadh, cruinn, ceangailte le pìos de shreang na bèile. Mar sin chan e idir "A bheil sreang na bèile feumail?" ach "Dè cho feumail agus cho iol-chomasach `s a tha e?" `S ann le beagan fealla-dhà a thoisich mi air an seo agus `s beag a bha dhùil agam gun togadh e uimhir se dh'ùidh a-measg chàirdean agus mo cho-oibrichean. Cha mhòr gu robh duine aig nach robh eisimpleir math air cleachdadh san teaghlach air sreang na bèile! Bha sinn eòlach gu leòr air a' mhòr-chuid de na molaidhean - ach, bha grunn math de chleachdaidhean annasach agus iongantach. Ged a sguir mi a thogail dhealbhan aig 101, cha do sguir na beachdan air tuilleadh chleachdaidhean – cò aig tha fios, `s dòcha gu feum mi an dara iris fhoillseachadh! Chòrd e rium gu mòr a bhith a' toirt an leabhar seo ri chèile agus do luchd-leughaidh na Gàidhlig, chì sibh gun tug Dolina NicLeòid a dreach fhèin air an teacsa. Tha mi an dòchas gu faigh sibhse an aon toileachas às a bhith dha leughadh.

Frank Rennie

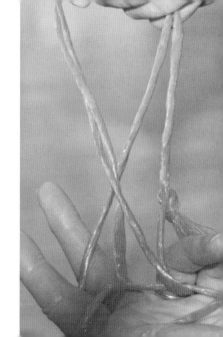

Air do shreang aithnichear thu!

Fasan a bha Galbhsann an uiridh

sreang fear-leughaidh

`S e an duine an aodach

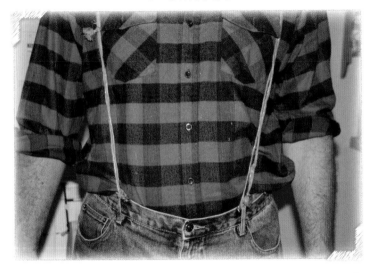

cha tig an còta glas cho math dhan h-uile fear!

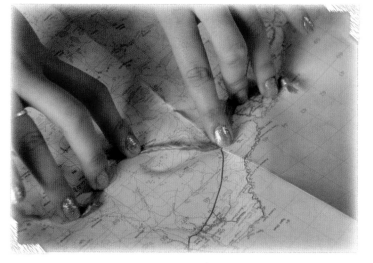

Eadar Hiort is Peairt, eadar Ìle is Taigh Mhic Ailein

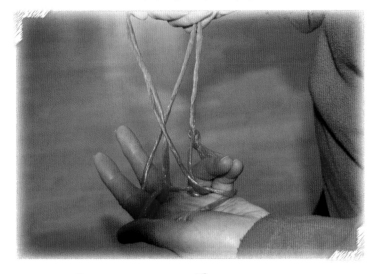

An snaim a chur Fionn air na coin

A' chailleach an ath dhoras a' pòsadh Dimàirt

gur mosach leis an leanabh na glasan

Nam biodh agam botal fìon, chuirinn dhan an allt e

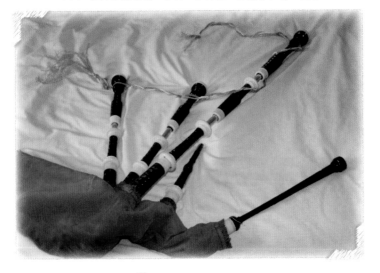

Tog orm mo phìob

Ceangailte ris an uair

Bris mo chnò, no brisidh mise d'e-sa

Dè ni mi ma shèideas a' ghaoth?

Mur a gabh a tharraing – slaod

A' dèanamh gille mòr!

Dùrachdan na Nollaig

Thig latha a' choin dhuibh fhathast

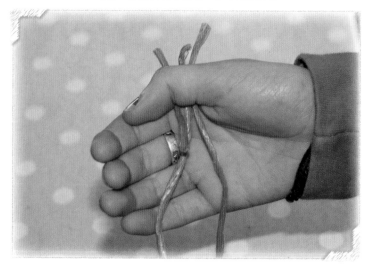

cha robh e ach a' tarraing sràbh

ceangal umad

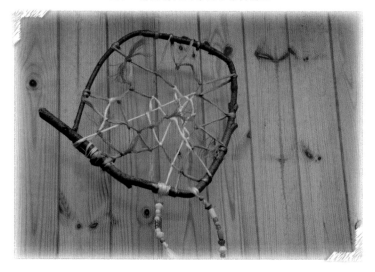

Aisling caillich mar a dùrachd

`s a gheamhradh bi annlann againn

23. EMERGENCY SHOE LACE

bròaan clann a' ghreusaiche

Grinneas an t-sniomh

Chan ionnan an t-sùil `s rud eile

`s fheàrr a bhith dhìth na cèill na bhith dhìth an fhasain

Chan ann bho shìol a' phoca shalainn a tha i

Tha i cho luath ri na luinn

29. FIXING A STRAIGHT LINE

Cum dìreach i Dhòmhnaill!

a' ruith plàigh de bhàla gaoith

Cha laigh a' chuileag air!

"bratach na Gàidhlig gu bràth cumar suas"

Dèan do chrot 's do chiutha!

Cha robh peile gun làmh, ach peile gun làmh idir

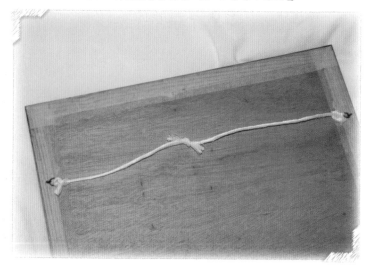

Cho breagha ri dealbh

An aire air d'aid!

Tog d'fhalt às do shùilean

Amharc romhad mus leum thu

Na cuir do làmh eadar a' chùl 's an ursainn

Chan ann bhon fhèath a tha an uspag

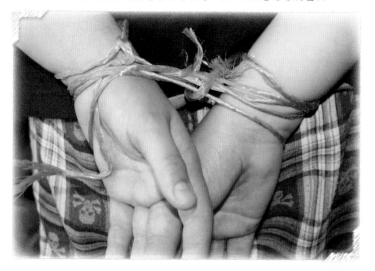

Cho ceangailte `s a tha beàrnach ris a' chreig

42. KEY-HOLDER

iuchraichean an domhain

hè rò ghuga `s tu bha càilear...

Is uaisle brèid na toll

"'S a chiall na h-uain a' mialaich ann,
gur brèaghaleam an ceòl"

Deireadh nan ceannaichean, snìomh an t-sìomain!

B' eòlach do sheanair air!

Am fear nach cuir a shnaidhm, caillidh e ghrèim

Catriona Rennie
7as south Galson
Isle of Lewis
HS2 0SH

Thar muir is tìr

Nam be "duff" a bh'ann bheireadh tu air

Snàithlean fada an droch thàilleir

Cuir buileag air

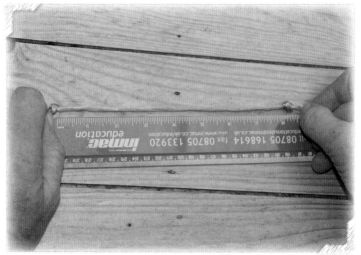

cia mheud pìos sreang a dh'fheumadh tu mus
ruigeadh tu a' ghealaich

'S fheàrr brèid na toll

Is iomadh rud a chì an duine a bhios fada beò!

ag innse sgeul a' chrochaidh

Cha robh briseadh puirt air...

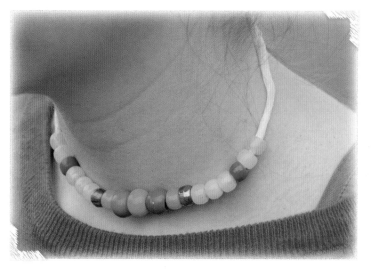

Mar ghadan ghrìogag dhan cuir oirnn

Air do bheatha bhuan na teirig ann

mar as sine an òrd, `s ann a bhios a bhrag nas fheàrr!

Is cam `s is direach an...

Duais fear-dathaidh a' chinn

`S math mas-fhìor na bhith falamh buileach

Dion an t-sìol, 's ann dhut a dh'fhàsas e

slaodadh fhiacail

A' feitheamh Bodach na Nollaig

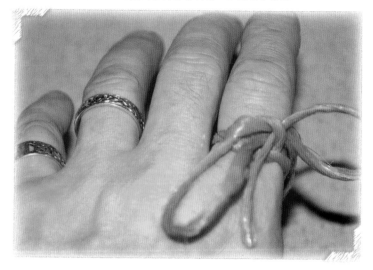

cuimhne circe

'S math an cobhair e

Bidh ceannach agad air ma dh'fhosglas seo

Snaim casa-caorach

Paisg seachad iad — glèidh rud seachd bliadhna
agus gheibh thu feum dha

Am fear a cheanglas `s e shiùbhlas

Bha uair dha na sin

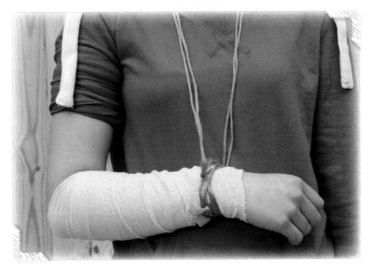

Cha bhris maltachd cnaimh

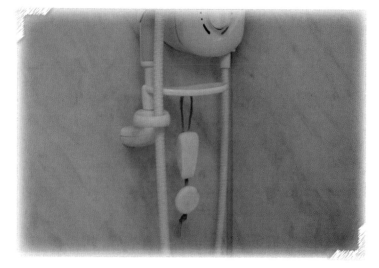

Cho glan ris an òir

Ròp – gun fhios

Ca' bheil mo speuclairean?

Is èiginn don èiginn beart-eiginn a dhèanamh

'S obair latha tòiseachadh

Eadar an sùgh `s an t-slat

Is olc a ghaoth nach sèid ann an seòl chuideigin

Cho dìreach ri feannagan Lionail

Bheir mise ort gun gabh thu e

"An cluinn thu mi mo nighean donn?"

Nuair as motha an èiginn dearbhar an deagh shreang

"`S ann ann a chur mi dachaigh cruinn..."

"Bidh gach neòinean is flùran ri dùsgadh nan glòir"

Bonnaich Samhna b' iad ar miann

Nas treise còmhla – 's bidh bhuaidh againn

Sgioblaich, sgioblaich a h-uile dad

an lèine bòidheach, fasanta nach fhaighear
anns na bùithtean

Suidh air do mhàs

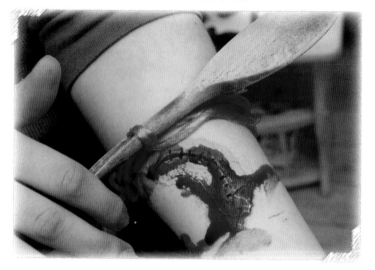

Bidh e slàn mus pòs thu

"..Làmh a thoirt oirr' ga càradh, oir màireach la na dròbh."

Tomàtothan na caillich – bidh i dham buain gu Earraich

Bun-obair agaibh a' fiachainn ri duine a leagail

Dùin an geata

Teòthadh air an aodach

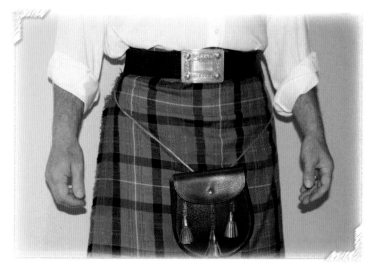

Sporan Dhòmhnaill `s e cho gann

parsailean ion-mhiannaichte

màthair-adhbhair sreang na bèile